'예수님의 위대한 생애'

컬러링북

예수그리스도

글 김인철 / 그림 이준천

프롤로그 01

지금은 컬러링 시대이다. 테라피 효과도 있어 컬러링은 전 연령층에서 사랑받고 있다.
때맞춰 『예수님의 위대한 생애』컬러링 북을 출간하게 되어 기쁘다. 이 책 또한 남녀노소 모두 함께 즐기며 배우며 치유받는 컬러링 말씀이 되리라 생각한다.
공동 저자인 이준천 작가는 미술 최고 명문대에서 수학했고, 일찍이 비전트립으로 33개 지구별 나라들을 여행하며 드로잉 작품들을 남겼다. 이후 여러 지자체의 문화 유산을 소개하는 컬러링 북 제작으로 명성을 얻었다. 이번에는 예수님의 위대한 생애 40컷을 직접 드로잉하고 디자인까지 했다. 성경을 연구하며 성지 답사 팀을 인솔하는 필자로서 그와 함께 작업하게 되어 매우 기쁘다.
『예수님의 위대한 생애』는 컬러링 북과 가이드 북 두 권으로 되어 있다. 컬러링 북은 컬러링 위주이고 가이드 북은 배경 설명에 초점이 맞춰져 있다. 이 두 권을 자녀와 부모,학생과 교사가 함께 사용하면 시너지 효과가 있을 것이다. 모쪼록 이 책이 부모와 자녀, 아날로그와 디지털 세대가 통합되는 인터페이스 역할을 할 수 있기를 기대해 본다. 그리하여 예수님의 위대한 생애 이야기는 시간과 공간, 언어와 인종을 넘어 오래도록 전파될 것이다.

2022. 성탄절을 앞두고
공동저자 김인철 목사

프롤로그 02

14년 전 복음의 서진 루트를 따라 1년 4개월 동안 33나라를 여행했을 때 출애굽 루트를 시작으로 요르단을 거쳐 이스라엘에 들어갔었다. 우여곡절 끝에 육로로 그 땅을 밟은 감동은 지금도 잊혀지지 않는다.

여행 후 한국에 돌아와 여정중 그린 그림으로 엽서를 만들어 팔며 세계일주 비전트립을 한 소중한 경험으로 드림스카이란 회사를 2013년 3월에 설립하고 올해로 10년 차 기업이 되었고 내년 2023년 3월이면 만 10년이 된다.

의미있는 드로잉 프로젝트를 꼭 하고 싶어서 모든 분주함을 내려놓고 성경관련 저술의 대가이신 김인철 목사님과 컬레버레이션으로 이번 "예수님의 위대한 생애" 라는 컬러링북을 기획하고 작업하게 되었다.

그림드로잉 40컷과 편집디자인 등... 여러가지로 쉽지 않은 작업이었지만 과정중에 그동안의 신앙을 돌아보고 성경을 새롭게 이해하고 마음에 새기는데 새로운 은혜가 있었다. 특별히 신약시대에 이스라엘 드로잉 맵을 그릴 때엔 그 땅을 밟는 듯한 몰입감은 물론 소중한 감동과 은혜가 있었다.

이 책이 크리스마스를 즈음한 이 시즌에 다음 세대에게 이 땅에 진정한 왕으로 오신 예수님의 위대한 생애가 전해져서 삶을 바꾸는 특별한 선물이 되어 위대한 인생 비전트립이 시작되길 소망해 본다.

2022. 성탄절을 앞두고

공동저자 이준천 작가

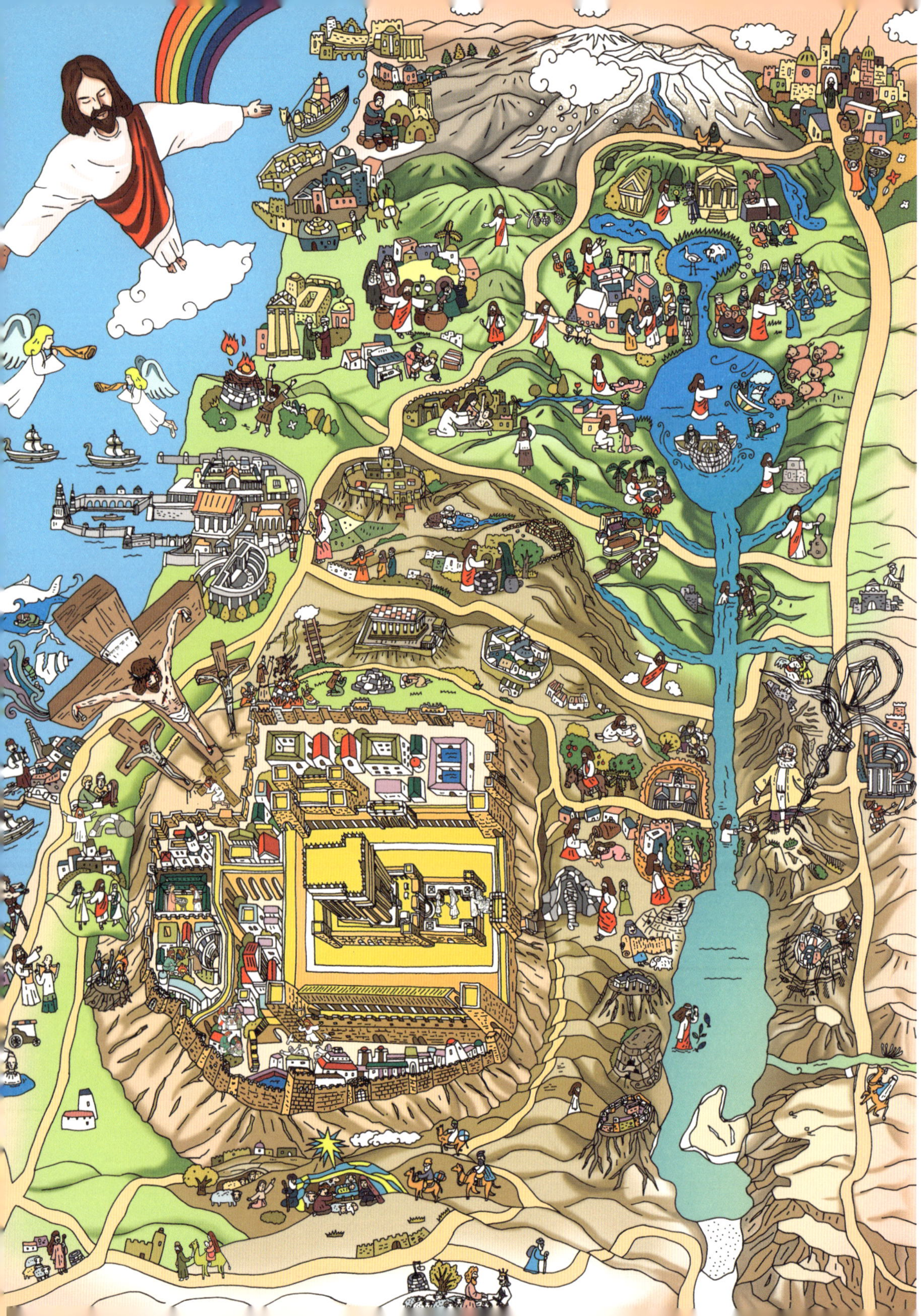

목 차

Ⅰ 탄생과 성장

Ⅱ 가르침

Ⅲ 행적

15. 가버나움에 가서 사시니
16. 열둘을 세우셨으니
17. 사마리아인들이 예수께 와서
18. 삭개오야 내려오너라
19. 나는 생명의 빵이다
20. 혈루증 여인을 낫게 하시다
21. 물 위를 걸으시다
22. 용모가 변화되시다
23. 죽은 나사로를 살리시다

Ⅳ 마지막 한 주간

24. 나귀 새끼를 타시다
25. 성전에서 장사꾼을 몰아내시다
26. 향유가 부어지다
27. 무화과 나무를 꾸짖으시다
28. 베드로의 발을 씻기시다
29. 이를 행하여 나를 기념하라

Ⅴ 죽음과 부활과 승천

30. 겟세마네에서 기도하시다
31. 칼을 가지는 자 칼로 망한다
32. 베드로가 부인하여 이르되
33. 빌라도에게 고난 받으시다
34. 십자가를 지고 쓰러지시다
35. 십자가에 못 박히시다
36. 어찌하여 나를 버리십니까
37. 피와 물이 나오더라
38. 주 예수의 시체가 보이지 않더라
39. 네 손을 내 옆구리에 넣어 보라
40. 다시 오시리라

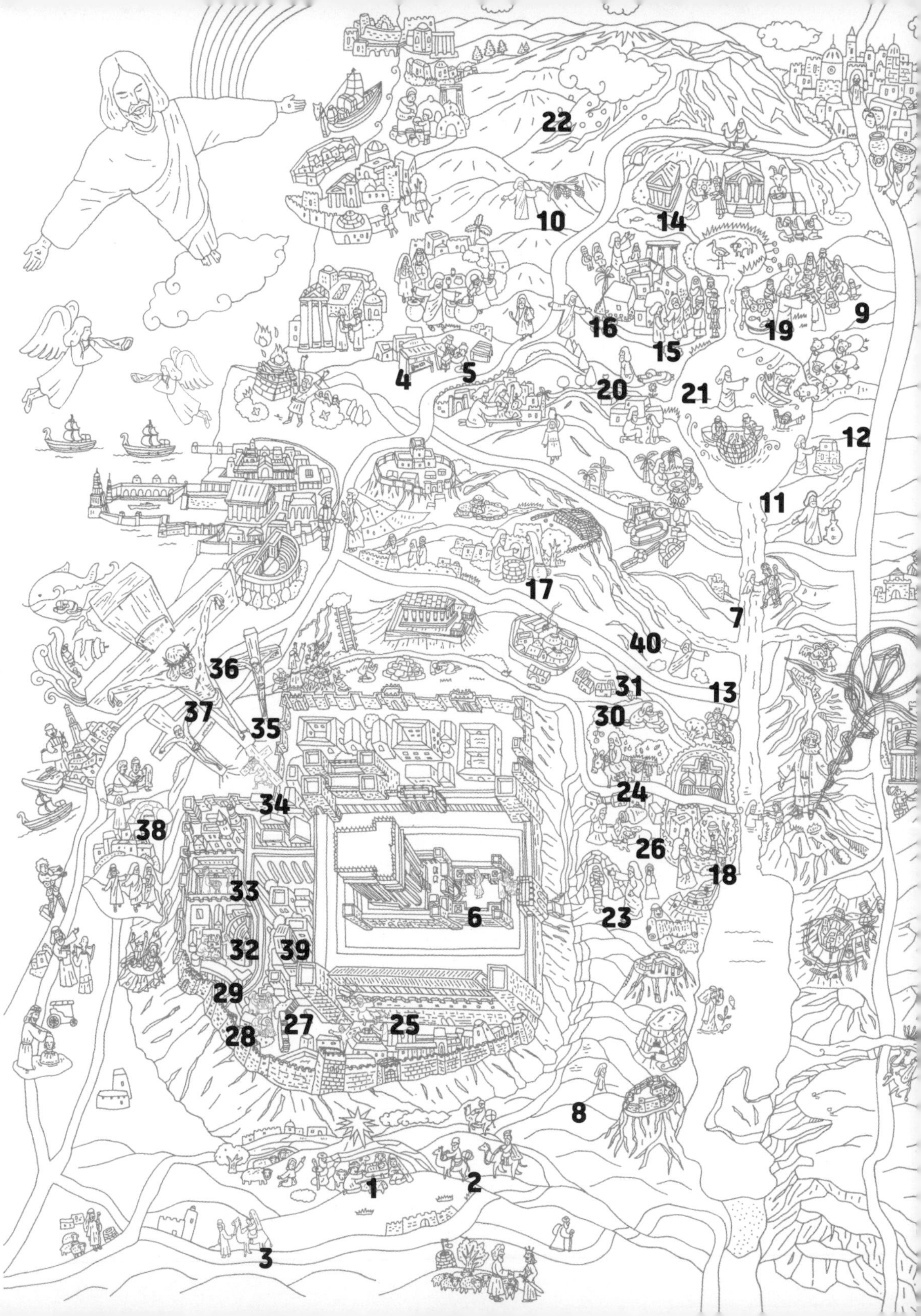

Ⅰ. 탄생과 성장

1. 구유에 누인 아기를 보리라
2. 그의 별을 보고 경배하러 왔노라
3. 애굽에서 내 아들을 불렀다
4. 나사렛에서 자라나시다
5. 목수의 아들이 아니냐
6. 예수, 성년이 되시다
7. 요한에게 세례를 받으시다
8. 마귀에게 시험을 받으시다

구유에 누인 아기를 보리라

01

베들레헴에서 밤에 양을 지키던 목자들에게 천사들이 말했습니다. "오늘 다윗의 동네에 구세주 그리스도가 태어났다.", "아기가 강보에 싸여 구유에 누워있을 것이다" 천사들은 기쁨의 노래를 불렀습니다. 목자들은 베들레헴에서 태어난 구세주를 만나보고 싶었습니다. 작은 마을에서 구유에 누인 아기를 찾기란 어렵지 않았습니다. 천사들이 들려준 이야기를 요셉과 마리아에게 전했습니다. 돌아오는 길에 기쁨에 겨워 노래를 불렀습니다. 모두가 행복한 밤이었습니다.

| 탄생과 성장 ❶

Note

목자교회 천정화

베들레헴 근처 목자들의 들판

오늘날 다윗의 동네에 너희를 위하여 구주가 나셨으니 곧 그리스도 주시니라
_ 누가복음 2:11

그의 별을 보고 경배하러 왔노라

02

예수 그리스도가 탄생하던 날 동쪽 하늘에 큰 별이 떴습니다.
동쪽 나라의 점성가들은 유대인의 왕이 태어난 징조라고
생각했습니다.
큰 별을 따라 멀리 예루살렘으로 왔습니다.
예루살렘에서 큰 별을 따라 베들레헴으로 왔습니다.
유대인의 왕으로 태어나신 분을 경배하려고 했습니다.
한 살이었던 예수는 외양간이 아닌 일반 주택에 있었습니다.
점성가들은 황금과 유향과 몰약을 선물로 드리고 경배했습니다.
점성가들의 방문과 경배에 모두가 놀랐습니다.

Note

오늘날 베들레헴 풍경

베들레헴 그리스도 탄생 기념교회

"헤롯 왕 때에 예수께서 유대 베들레헴에서 나시매 동방으로부터 박사들이 예루살렘에 이르러 말하되 유대인의 왕으로 나신 이가 어디 계시냐 우리가 동방에서 그의 별을 보고 그에게 경배하러 왔노라 하니" _ 마 2:1-2

애굽에서 내 아들을 불렀다

03

요셉과 마리아는 아기 예수를 데리고 애굽으로 피난 갔습니다.
헤롯이 아기 예수를 죽이려고 했기 때문입니다.
헤롯은 베들레헴의 두 살 이하 남자아이를 다 죽였습니다.
예수의 가족은 오늘날 카이로 인근에서 살았을 것입니다.
정통 대제사장 오니아스 4세가 세운 성전이 거기에 있었습니다.
예수의 가족이 피신했다는 기념 교회당도 있습니다.
마태는 아기 예수의 피난을 예언의 성취로 보았습니다.
예언자 호세아가 "애굽에서 내 아들을 불렀다"라고 말했기 때문입니다.
모세가 이스라엘을 애굽에서 구원한 것처럼
예수 그리스도도 애굽에서 나온 이스라엘의 구원자라는 것입니다.

Note

이집트 피라미드

예수피난교회

"요셉이 일어나서 밤에 아기와 그의 어머니를 데리고 애굽으로 떠나가 헤롯이 죽기까지 거기 있었으니, 이는 주께서 선지자를 통하여 말씀하신 바 애굽에서 내 아들을 불렀다 함을 이루려 하심이라" _ 마 2:14, 15

나사렛에서 자라나시다

04

애굽에서 올라온 아기 예수의 가족은 갈릴리 나사렛에서 살았습니다. 갈릴리는 옛날 앗시리아에 빼앗겨 이방인의 땅으로 불렸던 곳이었습니다. 마태는 "흑암의 땅에 빛이 비칠 것이라" 라고 했던 예언이 이루어졌다고 했습니다.
예수 그리스도는 어른이 될 때까지 나사렛에서 살았습니다.
나사렛은 높은 언덕에 있었기 때문에 이스르엘 골짜기가 잘 보입니다. 목숨을 바쳐가며 외국 군대와 싸웠던 지도자들의 활동 무대가 한눈에 들어옵니다. 소년 예수가 나사렛 언덕에서 이스르엘 골짜기를 바라보며 무슨 생각을 했을까요? 나중에 사람들은 예수의 이름 앞에 '나사렛'을 붙여 '나사렛 예수'라고 불렀습니다. 지금도 예수 믿는 사람들을 히브리어로 '노쯔림(나사렛 사람들)'이라고 부릅니다.

Note

그리스도가 자라나셨던 나사렛언덕

이스르엘 성 유적과 하롯 골짜기

"나사렛이란 동네에 가서 사니 이는 선지자로 하신 말씀에 나사렛 사람이라 칭하리라 하심을 이루려 함 이러라" _ 마 2:23

שמע

목수의 아들이 아니냐

05

1세기에 목수는 기술자를 가리키는 말이었습니다.
아마도 요셉은 여러 도구들을 만들거나 수리했을 것입니다.
지혜가 필요할 때 사람들은 목수를 찾곤 했습니다.
목수의 아들이라는 말은 현자의 아들이라는 말과도 같았습니다.
사람들은 예수 그리스도를 목수라고 부르기도 했습니다.
아버지의 직업을 대물림하던 풍습 때문입니다.
종교지도자들은 그리스도가 배우지 못했다며 얕잡아 보았습니다.
하지만 학자들이 쩔쩔 맬 만큼 지혜로웠습니다.
산상수훈에는 현자이신 그의 모습이 잘 드러나 있습니다.

Note

맷돌과 어처구니

문빗장과열쇠

"이는 그 목수의 아들이 아니냐 그 어머니는 마리아, 그 형제들은 야고보, 요셉, 시몬, 유다라 하지 않느냐" _ 마 13:55

예수, 성년이 되시다

06

유대인 소년들은 12살이 되면 성인식을 치릅니다.
당당히 유대 사회의 일원이 되는 것입니다.
12살이 된 예수는 가족과 함께 예루살렘으로 순례를 떠났습니다.
아마 성인식은 나사렛에서 치렀을 것입니다.
성전에서 시간 가는 줄 모르고 율법 선생님들과 토론했습니다.
마리아와 요셉은 예수를 찾으러 예루살렘으로 되돌아갔습니다.
성전에서 율법을 토론하고 있던 예수를 발견했습니다.
왜 부모를 걱정하게 했느냐고 예수를 책망했습니다.
예수는 부모들이 왜 걱정했느냐고 되물었습니다.
"내가 내 아버지 집에 있어야 될 줄 모르셨습니까?"
성인이 된 예수는 하나님을 내 아버지라고 불렀습니다.
예수의 마음 깊은 곳에 아버지 하나님이 있었습니다.

I 탄생과 성장 ❻

Note

1세기 당시 헤롯성전

성인식 토라 읽기 시험

"사흘 후에 성전에서 만난즉 그가 선생들 중에 앉으사 그들에게 듣기도 하시며 묻기도 하시니 듣는 자가 다 그 지혜와 대답을 놀랍게 여기더라" _ 눅 2:46, 47

요한에게 세례를 받으시다

07

어른이 된 예수는 가정을 떠났습니다.
먼저 세례자 요한에게 찾아가 세례를 받았습니다.
요한은 그리스도의 길을 예비하는 선구자였습니다.
그는 요단 강에서 사람들에게 세례를 주었습니다.
세례는 물에 몸을 잠갔다가 나오는 정결 의식이었습니다.
예수가 세례 받고 물에서 올라올 때 하늘에서 소리가 들렸습니다.
“이는 내 사랑하는 아들이고 내가 기뻐하는 자이다”
성령이 비둘기처럼 내려와 머리 위에 머물렀습니다.
예수가 하나님의 아들로 드러났습니다.

Note

이스라엘측 세례터

메드바 교회
요단강 모자이크

“나도 그를 알지 못하였으나 내가 와서 물로 세례를 베푸는 것은 그를 이스라엘에 나타내려 함이라 하니라. 요한이 또 증언하여 이르되 내가 보매 성령이 비둘기같이 하늘로부터 내려와서 그의 위에 머물렀더라”
_ 요 1:31, 32

마귀에게 시험을 받으시다

08

공생애를 시작하기 전 그리스도는 광야로 갔습니다.
40일 동안 금식 기도하며 마귀에게 시험을 받았습니다.
마귀는 그리스도에게 돌로 빵을 만들어 먹으라고 했습니다.
하나님의 능력이 아닌 음식의 힘을 의지하게 했습니다.
성전 꼭대기에서 뛰어내리라고도 했습니다.
하나님의 약속을 의심하게 만드는 유혹이었습니다.
마귀에게 경배하면 모든 나라의 영광을 주겠다고도 했습니다.
하나님의 종이 아니라 마귀의 종이 되게 하려고 했습니다.
그리스도는 마귀의 모든 유혹을 말씀 암송으로 물리쳤습니다.
유혹을 이기신 그리스도는 우리가 유혹을 물리치도록 도우십니다.

Note

시험산

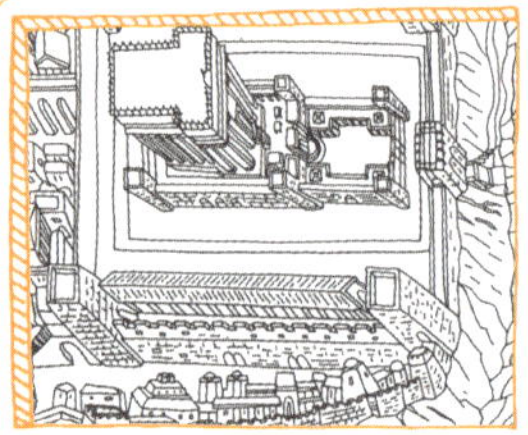

헤롯성전 남동쪽

"성령이 곧 예수를 광야로 몰아내신지라 광야에서 사십 일을 계시면서 사탄에게 시험을 받으시며 들짐승과 함께 계시니 천사들이 수종들더라" _ 막 1:12, 13

Ⅱ. 가르침

9. 들의 백합화를 보라
10. 나는 포도나무이다
11. 새 포도주는 새 부대에
12. 지혜로운 건축자가 되어라
13. 가서 너도 이와같이 하라
14. 너희는 나를 누구라 하느냐

들의 백합화를 보라

09

Ⅱ 가르침 ❶

예수님 당시에 서민들은 한 벌 옷으로 살았습니다.
옷이 해어지면 다른 천을 덧대어 기워 입었습니다.
돈이 부족해서 마음대로 옷을 사 입을 수 없었습니다.
옷 걱정을 하는 사람들에게 그리스도가 말했습니다.
"들의 백합화를 보아라. 하나님이 저렇게 입히신다.
하물며 너희들을 입히시지 않겠느냐?"
백합화는 아네모네, 튤립, 아도니스, 케모마일, 양귀비 같은 야생화입니다.
예수 그리스도는 그 꽃들이 솔로몬의 왕복보다 아름답다고 했습니다.
꽃들을 돌보시는 하나님이 그의 자녀들을 돌보실 것이라고 했습니다.
걱정하면 하나님의 사랑이 안 보입니다.
걱정하면 세상의 아름다움도 보지 못합니다.

Note

백합, 붉은 미나리아재비

브솔들국화

"또 너희가 어찌 의복을 위하여 염려하느냐 들의 백합화가 어떻게 자라는가 생각하여 보라 .... 오늘 있다가 내일 아궁이에 던져지는 들풀도 하나님이 이렇게 입히시거든 하물며 너희일까보냐 믿음이 적은 자들아"
_마 6:28, 30

나는 포도나무이다

10

포도나무는 가지가 길게 뻗어나가야 열매를 많이 맺습니다.
포도 가지가 땅에 닿기라도 하면 가지가 뻗어나가지 못합니다.
가지가 땅에 닿지 않도록 기둥으로 받쳐주는 이유입니다.
예수 그리스도는 자신을 좋은 포도나무에 비유했습니다.
제자들은 포도나무에서 뻗어나가는 가지라고 했습니다.
포도가 많이 열리려면 가지가 줄기에 붙어 있어야 합니다.
제자들은 그리스도에게 붙어 있을 때 많은 열매를 맺습니다.
그리스도께 붙어 있는 것은 떠나지 않는 것을 말합니다.
모든 제자들은 포도나무이신 그리스도의 가지들입니다.

Note

포도나무

극상품 포도

"나는 참 포도나무요 내 아버지는 농부라. 무릇 내게 붙어 있어 열매를 맺지 아니하는 가지는 아버지께서 그것을 제거해 버리시고 무릇 열매를 맺는 가지는 더 열매를 맺게 하려 하여 그것을 깨끗하게 하시느니라"
_ 요 15:1, 2

새 포도주는 새 부대에

11

가축을 많이 길렀기 때문에 가죽은 쉽게 구할 수 있었습니다
가죽은 쓸모가 많았습니다.
성경을 기록하기도 하고, 텐트를 만들기도 하고, 방패에 붙이기도 했습니다.
가정에서는 포도주를 담거나 치즈를 만드는 부대로 사용했습니다.
새 포도주를 부대에 담을 때는 조심해야 했습니다.
포도주가 발효하면서 부대가 터질 수 있었기 때문입니다.
그래서 낡은 가죽 부대에는 새 포도주를 담지 않았습니다.
새 포도주는 일단 항아리에 담아 발효시킨 다음 새 부대에 담았습니다.
예수 그리스도의 가르침은 새 포도주처럼 힘이 있었습니다.
낡은 생각에 잡힌 사람들은 그의 가르침을 받아들이지 못했습니다.

Note

가죽 부대

가죽 부대와 예수님

"새 포도주를 낡은 가죽 부대에 넣는 자가 없나니 만일 그렇게 하면 새 포도주가 부대를 터뜨려 포도주와 부대를 버리게 되리라 오직 새 포도주는 새 부대에 넣느니라 하시니라"
_ 막 2:22

지혜로운 건축자가 되어라

12

이스라엘에서는 대부분 돌로 집을 짓습니다.
비가 오지 않는 계절에 땅을 파고 기초를 놓습니다.
반석이 드러나도록 딱딱한 땅을 파기가 여간 어렵지 않습니다.
어리석은 사람은 대충 판 다음 기초를 놓습니다.
지혜로운 사람은 반석이 나올 때까지 땅을 팝니다.
비가 오면 빗물이 강물처럼 도로에 흐릅니다.
흙 위에 지은 집은 기초가 쓸려가면서 무너집니다.
반석 위에 지은 집은 그대로 서있습니다.
반석 위에 집 지은 사람은 가르침을 실천하는 사람입니다.
그리스도의 가르침이 기초가 되어 있습니다.
힘든 일이 생겨도 든든히 서있습니다.

II 가르침 ④

Note

카쯔린건축자의 집

반석위에 집을
세우라는 예수님

"그러므로 누구든지 나의 이 말을 듣고 행하는 자는 그 집을 반석 위에 지은 지혜로운 사람 같으리니, 비가 내리고 창수가 나고 바람이 불어 그 집에 부딪치되 무너지지 아니하나니 이는 주추를 반석 위에 놓은 까닭이요"
_ 마 7:24, 25

가서 너도 이와같이 하라

13

Ⅱ 가르침 ⑤

한 율법 선생이 그리스도를 시험했습니다.
"어떻게 하면 영생을 얻을 수 있습니까?"
그리스도가 되물었습니다 "율법에 어떻게 기록되어 있느냐"
율법 선생이 대답했습니다.
"네 하나님을 마음과 목숨과 힘과 뜻을 다해 사랑해라. 네 이웃을 네 자신과 같이 사랑해라 입니다"
그리스도가 대답했습니다
"그대로 행해라"
그가 으스대며 물었습니다 "내 이웃이 누구입니까?"
그리스도가 한 사마리아인 이야기를 들려 주었습니다
강도 만난 사람을 제사장과 레위인이 외면했는데 한 사마리아인만 도왔다는 이야기입니다.
그리스도가 물었습니다 "누가 강도 만난 자의 이웃일까?"
그가 대답했습니다 "자비를 베푼 자입니다"
그리스도가 대답했습니다 "가서 너도 이렇게 실천해라"
내가 필요로 하는 사람이 내 이웃이 아닙니다.
나를 필요로 하는 사람이 내 이웃입니다.

Note

선한 사마리아인 여관 마을 유적

선한사마리아인유적

"네 생각에는 이 세 사람 중에 누가 강도 만난 자의 이웃이 되겠느냐. 이르되 자비를 베푼 자니이다. 예수께서 이르시되 가서 너도 이와 같이 하라 하시니라" _ 눅 10:36, 37

너희는 나를 누구라 하느냐

14

II 가르침 ⑥

가이사랴 빌립보는 숲이 울창하고 물이 많은 곳입니다.
중동에서 가장 크다는 폭포까지 있습니다.
숲이 우거진 곳에는 신들이 살고 있다고 알려졌습니다.
그래서 가이사랴 빌립보에는 크고 작은 신전들이 세워졌습니다.
신들은 자기 영역에서 주인으로 여겨졌습니다.
가이사랴 빌립보에서 그리스도가 물었습니다.
"너희가 나를 누구라고 하느냐?"
베드로가 대답했습니다.
"주는 그리스도시요, 살아계신 하나님의 아들입니다"
그리스도는 베드로를 칭찬했습니다.
"네가 복이 있다. 내가 천국 열쇠를 네게 준다.
내가 내 교회를 네 위에 세울 것이다"
그리스도는 십자가에서 죽고 사흘 만에 살아날 것을 가르쳤습니다.
베드로는 이해하지 못했고, 받아들이려고 하지도 않았습니다.

Note

가이사랴 빌립보-파니아스복원도

파니아스폭포

"예수께서 빌립보 가이사랴 지방에 이르러 제자들에게 물어 이르시되 사람들이 인자를 누구라 하느냐 .... 시몬 베드로가 대답하여 이르되 주는 그리스도시요 살아계신 하나님의 아들이시니이다" _ 마 16:13, 16

Ⅲ. 행적

15. 가버나움에 가서 사시니
16. 열둘을 세우셨으니
17. 사마리아인들이 예수께 와서
18. 삭개오야 내려오너라
19. 나는 생명의 빵이다
20. 혈루증 여인을 낫게 하시다
21. 물 위를 걸으시다
22. 용모가 변화되시다
23. 죽은 나사로를 살리시다

가버나움에 가서 사시니

15

예수 그리스도는 가버나움으로 이주했습니다.
나사렛 사람들이 메시야로 인정하지 않았기 때문입니다.
심지어 신성모독 죄로 몰아 죽이려고 했습니다.
가버나움은 큰 도시였고, 할 일도 많았습니다.
회당에서 가르치기도 하고, 병자들도 많이 고쳐주었습니다.
많은 제자들이 가버나움 사람이었습니다.
마태는 세관에서 일했었고, 베드로와 친구들은 어부였습니다.
그런데 가버나움 사람들은 많은 기적을 보고도 믿지 않았습니다.
예수 그리스도는 회개하지 않는 가버나움 사람들을 책망했습니다.

Ⅲ 행적 ❶

Note

가버나움회당

베드로장모집

"나사렛을 떠나 스불론과 납달리 지경 해변에 있는 가버나움에 가서 사시니" _ 마 4:13

열둘을 세우셨으니

16

그리스도의 제자는 12명보다 많았습니다.
12명을 대표로 세운 것뿐입니다.
12 제자는 직업 종교인들이 아니었습니다.
하지만 3년 동안 그리스도와 함께 다녔습니다.
그리스도에게 배우고 병 고치는 능력을 받았습니다.
사람을 낚는 어부로 보내심을 받았습니다.
유럽과 중동 곳곳에 교회들이 세워졌습니다.
그리스도를 전하는 일은 쉽지 않았습니다.
거센 저항과 박해가 뒤따랐습니다.
요한 외의 제자들이 모두 순교했습니다.
가룟 유다는 그리스도를 배신하고 극단 선택을 했습니다.
박해가 있었지만 교회는 계속 자라났습니다.

Note

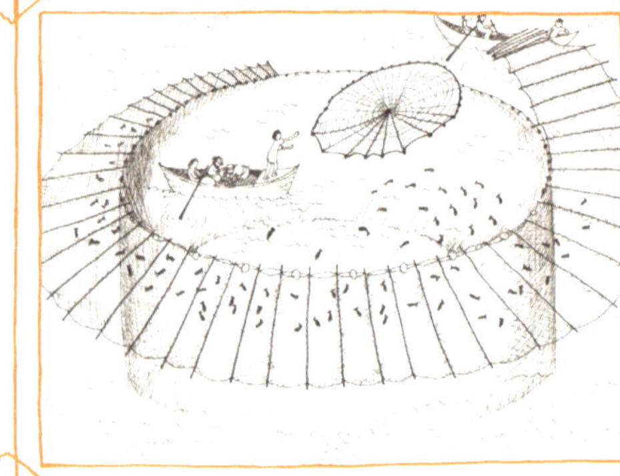

각종 그물

베드로 고기

"또 산에 오르사 자기가 원하는 자들을 부르시니 나아온지라. 이에 열둘을 세우셨으니 이는 자기와 함께 있게 하시고 또 보내사 전도도 하며 귀신을 내쫓는 권능도 가지게 하려 하심이러라" _ 막 3:13-15

사마리아인들이 예수께 와서

17

사마리아 사람들도 하나님을 믿었지만 유대인들이 싫어했습니다.
예루살렘이 아니라 그리심 산을 예배 장소라고 말했기 때문입니다.
유대인들은 사마리아를 통과하는 길이 있는데도 멀리 돌아가곤 했습니다.
예수 그리스도는 그런 편견에 휘둘리지 않았습니다.
수가 성 여인에게 말을 걸어 복음을 전했습니다.
그 여인은 예수가 그리스도임을 알아차렸습니다.
수가 성 주민들도 예수 그리스도를 믿게 되었습니다.
그리스도는 사마리아 사람들을 사랑했습니다.

Note

그리심산 성전 자리

야곱의 우물

"사마리아인들이 예수께 와서 자기들과 함께 유하시기를 청하니 거기서 이틀을 유하시매 예수의 말씀으로 말미암아 믿는 자가 더욱 많아" _ 요 4:40-41

삭개오야 내려오너라

18

삭개오는 여리고의 세관 책임자였습니다.
지위를 이용해서 떳떳하지 못하게 돈을 벌었습니다.
사람들은 삭개오를 매국노라며 욕했습니다.
그리스도가 온다는 소식에 삭개오가 돌무화과나무에 올라갔습니다.
키가 작아서 잘 볼 수 없었기 때문입니다.
그리스도가 삭개오를 올려다보며 부탁했습니다.
"삭개오야 내려오너라. 내가 오늘 네 집에서 묵어야 하겠다"
삭개오는 기뻐하며 잘못을 뉘우쳤습니다.
"제 재산의 절반을 가난한 사람들에게 주겠습니다.
빼앗은 돈을 네 배로 갚겠습니다"
그리스도가 사람들에게 말했습니다.
"오늘 구원이 이 집에 이르렀다. 이 사람도 아브라함의 자손이다"

Note

돌무화과나무

돌무화과

"삭개오가 서서 주께 여짜오되 주여 보시옵소서 내 소유의 절반을 가난한 자들에게 주겠사오며 만일 누구의 것을 속여 빼앗은 일이 있으면 네 배나 갚겠나이다. 예수께서 이르시되 오늘 구원이 이 집에 이르렀으니 이 사람도 아브라함의 자손임이로다" _ 눅 19:8, 9

나는 생명의 빵이다

19

보리 빵 다섯 개와 물고기 두 마리로 사람들이 배부르게 먹었습니다.
그리스도가 음식이 많아지게 했기 때문입니다.
사람들은 다음 날에도 기적의 음식을 원했습니다.
그 옛날 모세도 매일 하늘에서 빵이 내려오게 했다는 것입니다.
그리스도는 자신이 하늘에서 내려온 생명의 빵이라고 했습니다.
기적의 빵을 먹어도 죽지만, 자신을 먹는 사람은 영생을 얻는다고
가르쳤습니다.
사람들은 그 말의 참뜻을 깨닫지 못했습니다.
12 제자 외에는 모두 떠나버리고 말았습니다.
그리스도가 영생을 주는 분인 줄 몰랐기 때문입니다.

Ⅲ 행적 ⑤

Note

벳새다

카쯔린화덕

"예수께서 이르시되 나는 생명의 떡(빵)이니
내게 오는 자는 결코 주리지 아니할 터이요
나를 믿는 자는 영원히 목마르지 아니하리라.
그러나 내가 너희에게 이르기를 너희는 나를
보고도 믿지 아니하는도다 하였느니라"
_ 요 6:35, 36

혈루증 여인을 낫게 하시다

20

한 여인이 혈루증 불치병을 12년이나 앓았습니다.
사람들과의 접촉이 금지되어 성전에 갈 수도 없었습니다.
군중 속에 숨어 그리스도에게 다가갔습니다.
병을 고치려고 그리스도의 옷자락을 잡았습니다.
그리스도와 신체 접촉을 할 수 없었기 때문입니다.
그 순간 병이 나은 것을 알았습니다.
그리스도는 자신에게서 능력이 나간 것을 알았습니다.
그래서 그녀를 칭찬했습니다.
"네 믿음이 너를 구원하였다. 평안히 가라"

Note

찌찌트

이마에 성구함을 달고 기도하는 유대인

"이에 열두 해를 혈루증으로 앓는 중에 아무에게도 고침을 받지 못하던 여자가 예수의 뒤로 와서 그의 옷 가에 손을 대니 혈루증이 즉시 그쳤더라 .... 예수께서 이르시되 딸아 네 믿음이 너를 구원하였으니 평안히 가라 하시더라" _ 눅 8:43, 44, 48

물 위를 걸으시다

21

제자들이 배를 타고 갈릴리 바다를 건너갔습니다.
그리스도가 바다 위를 걸어 제자들에게로 다가갔습니다.
제자들은 겁에 질려 유령이라고 소리쳤습니다.
그리스도가 말했습니다.
"안심해라. 나다. 두려워하지 말아라"
베드로가 말했습니다. "주여, 저도 걷게 해주십시오"
베드로가 물 위를 걷기 시작했습니다.
바람과 파도 때문에 겁먹고 물에 빠졌습니다.
그리스도가 물 위로 끌어올려주었습니다.
제자들이 절하며 고백했습니다.
"당신은 하나님의 아들입니다"

Ⅲ 행적 ⑦

Note

갈릴리

1세기 갈릴리 배 모형

"밤 사경에 예수께서 바다 위로 걸어서 제자들에게 오시니 .... 예수께서 즉시 이르시되 안심하라. 나니 두려워하지 말라. 베드로가 대답하여 이르되 주여 만일 주님이시거든 나를 명하사 물 위로 오라 하소서 하니"
_마 14:25, 27, 28

용모가 변화되시다

22

그리스도가 산에 기도하러 갔습니다.
베드로와 야고보와 요한을 데리고 갔습니다.
그리스도의 모습이 바뀌어 빛이 나고 옷이 희어졌습니다.
엘리야와 모세가 나타나 그리스도와 이야기도 했습니다.
베드로가 말했습니다.
"여기 있는 것이 좋으니 초막 셋을 짓겠습니다.
하나는 주를 위해, 하나는 모세를 위해, 하나는 엘리야를 위해"
그때 구름이 그들을 덮으며 소리가 들렸습니다.
"이는 내 사랑하는 아들이다.
너희는 그의 말을 들어라"
문득 둘러보니 그리스도와 제자 셋 뿐이었습니다.
그리스도가 말했습니다.
"내가 죽었다가 살아날 때까지 오늘 본 것을 말하지 말아라"

Note

헤르몬 산

초막들

"엿새 후에 예수께서 베드로와 야고보와 요한을 데리시고 따로 높은 산에 올라가셨더니 그들 앞에서 변형되사 그 옷이 광채가 나며 세상에서 빨래하는 자가 그렇게 희게 할 수 없을 만큼 매우 희어졌더라. 이에 엘리야가 모세와 함께 그들에게 나타나 예수와 더불어 말하거늘 베드로가 예수께 고하되 랍비여 우리가 여기 있는 것이 좋사오니 우리가 초막 셋을 짓되 하나는 주를 위하여, 하나는 모세를 위하여, 하나는 엘리야를 위하여 하사이다 하니"_ 막 9:2-5

죽은 나사로를 살리시다

23

그리스도는 나사로가 죽은 지 나흘째에 왔습니다.
마르다가 말했습니다.
“주께서 계셨더라면 내 오빠가 죽지 않았겠습니다”
그리스도가 대답했습니다.
“나는 부활이고 생명이다. 나를 믿으면 죽어도 살겠고
살아서 나를 믿으면 영원히 죽지 않는다.
네가 이것을 믿느냐”
그리스도는 나사로의 무덤에서 눈물을 흘렸습니다.
무덤 돌문을 치우게 한 다음 큰 소리로 불렀습니다.
“나사로야 나오라”
나사로가 수의를 입은 채로 나왔습니다.
그리스도가 일렀습니다.
“풀어 놓아 다니게 해주어라”
모두 놀라서 입을 다물지 못했습니다.
죽은 지 나흘 만에 살아난다는 이야기조차 들어보지 못했기 때문입니다.

Note

나사로 무덤

나사로 교회 마르다 마리아

“이 말씀을 하시고 큰 소리로 나사로야 나오라 부르시니 죽은 자가 수족을 베로 동인 채로 나오는데 그 얼굴은 수건에 싸였더라 예수께서 이르시되 풀어 놓아 다니게 하라 하시니라” _ 요 11:43, 44

Ⅳ. 마지막 한 주간

24. 나귀 새끼를 타시다
25. 성전에서 장사꾼을 몰아내시다
26. 향유가 부어지다
27. 무화과나무를 꾸짖으시다
28. 베드로의 발을 씻기시다
29. 이를 행하여 나를 기념하라

나귀 새끼를 타시다

24

Ⅳ 마지막 한 주간 ❶

그리스도는 감람산 벳바게에서 나귀 새끼를 탔습니다.
기드론 시내를 건너 예루살렘으로 들어갔습니다.
먼저 온 유월절 순례자들이 환영했습니다.
"호산나 다윗의 자손이여
주의 이름으로 환영합니다"
길에 겉옷과 종려나무 가지를 깔았습니다.
이렇게 스가랴의 예언이 이루어졌습니다.
"보라 네 왕이 네게 임하시나니
그는 겸손하여서 나귀를 타시나니 곧 나귀 새끼니라"
고난 주간의 첫날은 축제 분위기였습니다.

Note

어린 나귀

예루살렘 종려주일
어린이 취주악대

"나귀와 나귀 새끼를 끌고 와서 자기들의 겉옷을 그 위에 얹으매 예수께서 그 위에 타시니 무리의 대다수는 그들의 겉옷을 길에 펴고 다른 이들은 나뭇가지를 베어 길에 펴고 앞에서 가고 뒤에서 따르는 무리가 소리 높여 이르되 호산나 다윗의 자손이여 찬송하리로다 주의 이름으로 오시는 이여 가장 높은 곳에서 호산나 하더라" _ 마 21:7, 8, 9

성전에서 장사꾼을 몰아내시다

25

사람들은 성전에 제물과 헌금을 드렸습니다.
시장에서 가축을 사고 돈을 바꾸어 드렸습니다.
장사꾼들은 성전 입구에서도 장사를 했습니다.
그리스도는 천을 꼬아 채찍을 만들었습니다.
가축을 쫓아내고 돈 바꾸는 상을 엎었습니다.
가축을 다치게 하거나 돈을 던져버리지는 않았습니다.
장사꾼들을 몰아내며 말했습니다.
"여기는 모든 사람의 기도하는 집이다.
강도의 소굴로 만들지 말아라"

Note

성전모형 남쪽입구

성전 남쪽 입구

"예수께서 성전에 들어가사 성전 안에서 매매하는 모든 사람들을 내쫓으시며 돈 바꾸는 사람들의 상과 비둘기 파는 사람들의 의자를 엎으시고 그들에게 이르시되 기록된 바 내 집은 기도하는 집이라 일컬음을 받으리라 하였거늘 너희는 강도의 소굴을 만드는도다 하시니라" _ 마 21:12, 13

향유가 부어지다

26

마리아가 나드 향유 뚜껑을 열었습니다.
예수의 발에 붓자 온 집안에 향 내음이 가득 찼습니다.
머리털을 풀어 예수의 발을 닦았습니다.
발을 닦는 것은 가장 낮은 종이 할 일이었습니다.
사람들은 비싼 향유를 허비한다며 나무랐습니다.
그리스도는 마리아를 칭찬했습니다.
"마리아가 하고 싶은 대로 내버려 두어라.
그녀는 내 장례를 준비한 것이다.
복음이 전파되는 곳에 그녀가 한 일도 기억되어야 한다"
마리아는 다시 살아난 나사로의 동생입니다.
그녀는 그리스도의 장례와 부활을 함께 준비했습니다.

Note

향유를 붓는 마리아

옥합
(세계기독교박물관 사진제공)

"마리아는 지극히 비싼 향유 곧 순전한 나드 한 근을 가져다가 예수의 발에 붓고 자기 머리털로 그의 발을 닦으니 향유 냄새가 집에 가득하더라 ...... 예수께서 이르시되 그를 가만두어 나의 장례할 날을 위하여 그것을 간직하게 하라" _ 요 12:3, 7

무화과나무를 꾸짖으시다

27

무화과나무는 한 겨울에도 열매를 맺습니다.
그 무화과를 파게라고 부릅니다.
파게는 제철 무화과가 열리기 전
배고픈 서민들의 간식이었습니다.
그리스도는 허기를 달래려고 파게를 찾았습니다.
하지만 그 무화과나무에 파게는 없었습니다.
파게를 맺지 못하면 제철 무화과도 잘 맺지 못합니다.
그리스도가 그 나무를 꾸짖자 말라죽어버렸습니다.
회개의 열매가 없으면 심판을 받는다는 상징이었습니다.
불행하게도 그리스도의 예언대로 되었습니다.
성전이 무너지고 유대인은 유랑 민족이 되었습니다.

Note

무화과 나무

파게

"이튿날 그들이 베다니에서 나왔을 때에 예수께서 시장하신 지라 멀리서 잎사귀 있는 한 무화과나무를 보시고 혹 그 나무에 무엇이 있을까 하여 가셨더니 가서 보신즉 잎사귀 외에 아무것도 없더라. 이는 무화과의 때가 아님이라. 예수께서 나무에게 말씀하여 이르시되 이제부터 영원토록 사람이 네게서 열매를 따먹지 못하리라 하시니 제자들이 듣더라" _ 막 11:12, 13, 14

베드로의 발을 씻기시다

28

그리스도가 제자들과 마지막 저녁식사를 하고 있었습니다.
식사를 마치기도 전에 그리스도가 일어났습니다.
겉옷을 벗고 수건을 허리에 둘렀습니다.
제자들의 발을 씻기기 시작했습니다.
발을 씻기는 것은 가장 낮은 종이 할 일이었습니다.
베드로는 자기 차례가 되자 완강히 거부했습니다.
"주여 주께서 내 발을 씻으시나이까"
그리스도가 대답했습니다.
"너를 씻어주지 않으면 네가 나와 상관이 없게 된다.
내가 주와 선생으로서 너희 발을 씻겼다.
너희도 서로 발을 씻어주도록 본을 보였다"

Note

발을 씻기는 그리스도

발을 씻기는 그리스도

"시몬 베드로에게 이르시니 베드로가 이르되 주여 주께서 내 발을 씻으시나이까 .... 내가 주와 또는 선생이 되어 너희 발을 씻었으니 너희도 서로 발을 씻어주는 것이 옳으니라" _ 요 13:6, 14

이를 행하여 나를 기념하라

29

Ⅳ 마지막 한주간 ⑥

그리스도는 제자들과 마지막 식사를 했습니다.
빵을 나눠 주면서 말했습니다.
"이것은 너희를 위해 주는 내 몸이다"
포도주를 나눠 주면서 말했습니다.
"이것은 너희를 위해 흘리는 내 피다"
그리스도는 곧 십자가에서 죽을 것을 알았습니다.
몸이 찢겨지고 피가 흐르게 될 것이었습니다.
제자들에게 마지막 말을 남겼습니다.
"이를 행하여 나를 기념해라"
모든 종파의 모든 교회가 성찬을 행합니다.
그리스도의 죽음을 떠올리기 위해서입니다.
그의 겸손과 희생이 중심에 없다면
어떤 지식과 의례와 사역도 그리스도와 상관없을 것입니다.

Note

마가의 다락방 (성전 남쪽)

떡과 포도주를 나누어
주시는 예수님

"또 떡(빵)을 가져 감사 기도하시고 떼어 그들에게 주시며 이르시되 이것은 너희를 위하여 주는 내 몸이라 너희가 이를 행하여 나를 기념하라 하시고 저녁 먹은 후에 잔도 그와 같이 하여 이르시되 이 잔은 내 피로 세우는 새 언약이니 곧 너희를 위하여 붓는 것이라" _ 눅 22:19, 20

V. 죽음과 부활과 승천

30. 겟세마네에서 기도하시다
31. 칼을 가지는 자 칼로 망한다
32. 베드로가 부인하여 이르되
33. 빌라도에게 고난 받으시다
34 십자가를 지고 쓰러지시다
35. 십자가에 못 박히시다
36. 어찌하여 나를 버리십니까
37. 피와 물이 나오더라
38. 주 예수의 시체가 보이지 않더라
39. 네 손을 내 옆구리에 넣어 보라
40. 다시 오시리라

겟세마네에서 기도하시다

30

그리스도는 십자가의 시간이 가까웠음을 알았습니다.
제자들과 함께 기도하려고 겟세마네로 갔습니다.
"아버지여 이 잔을 내게서 옮겨주십시오.
하지만 저의 소원대로 하지 마시고 아버지의 소원대로 되기를
원합니다"
힘써 세 번 기도할 때 땀이 핏방울처럼 떨어졌습니다.
올리브 나무들이 그의 울부짖음을 나이테에 새겨두었습니다.
지금도 수령 2,000년이 넘은 올리브 나무가 그곳에 있습니다.
사람들은 그 나무를 '침묵의 증인'이라고 부릅니다.
그날 밤 그리스도의 외침을 말없이 증언하고 있기 때문입니다.

Note

겟세마네 침묵의 증인

겟세마네에서
기도하시는 예수님

"이에 예수께서 제자들과 함께 겟세마네라 하는 곳에 이르러 제자들에게 이르시되 내가 저기 가서 기도할 동안에 너희는 여기 앉아 있으라 하시고"
_ 마 26:36

31

칼을 가지는 자 칼로 망한다

한밤중에 성전 경비대가 겟세마네로 왔습니다.
횃불과 무기를 들고 그리스도를 잡으려고 했습니다.
제자들은 놀라서 도망치기에 바빴습니다.
베드로가 나섰습니다.
칼을 빼어 말코라는 지휘관의 귀를 베었습니다.
신체가 손상된 사람은 성전에서 일할 수 없습니다.
성전 경비대가 순간 혼란에 빠졌습니다.
그리스도가 베드로를 타일렀습니다.
"칼을 칼집에 도로 꽂아라.
칼을 가지는 자는 다 칼로 망한다.
내 아버지가 주신 잔을 내가 마시지 않겠느냐"
말코의 귀를 도로 붙여 낫게 했습니다.
베드로는 그리스도의 가르침을 마음에 새겼습니다.
훗날 박해가 왔을 때 싸우거나 도망치지 않았습니다.
순순히 잡혀 그리스도의 모범을 따랐습니다.

Note

1세기 부자와 식카리

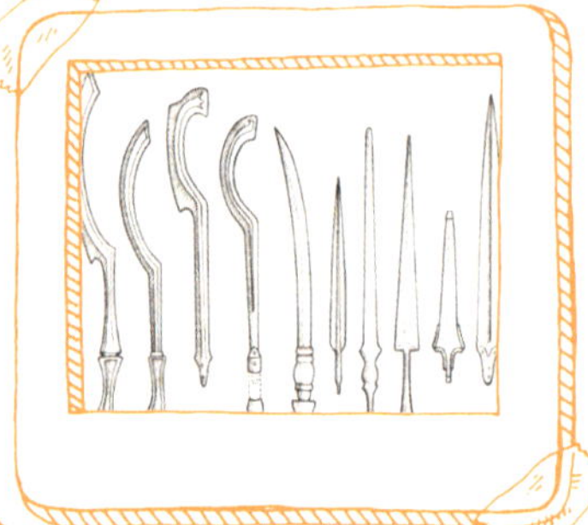

고대 도검

"이에 시몬 베드로가 칼을 가졌는데 그것을 빼어 대제사장의 종을 쳐서 오른편 귀를 베어버리니 그 종의 이름은 말고라 예수께서 베드로더러 이르시되 칼을 칼집에 꽂으라 아버지께서 주신 잔을 내가 마시지 아니하겠느냐 하시니라" _ 요 18:10, 11
"이에 예수께서 이르시되 네 칼을 도로 칼 집에 꽂으라 칼을 가지는 자는 다 칼로 망하느니라" _ 마 26:52

베드로가 부인하여 이르되

32

베드로는 가야바의 집 뜰에 앉아 있었습니다.
집 안에서는 예수 그리스도가 심문을 받고 있었습니다.
여종 하나가 베드로를 알아보았습니다.
"당신도 갈릴리 사람 예수와 같이 있었다"
베드로는 펄쩍 뛰며 부인했습니다.
"나는 그 사람을 모릅니다"
다른 여종이 베드로를 알아보고 말했습니다.
"이 사람은 나사렛 예수와 함께 있었다"
베드로는 맹세하며 부인했습니다.
"나는 그 사람을 모릅니다"
또 다른 사람이 말했습니다.
"당신은 정말로 그 일파가 틀림없소. 당신의 억양이 말해주고 있소"
베드로는 자신의 말을 믿게 하려고 스스로를 저주하며 맹세했습니다.
"나는 그 사람을 모릅니다"
그때 닭이 울었습니다. 베드로도 큰 소리로 울었습니다.
그리스도의 말이 생각났기 때문입니다.
"네가 닭 울기 전에 나를 세 번 부인할 것이다"

Note

베드로 부인 동상

가야바의 집 예수님 감옥

"베드로가 멀찍이 예수를 따라 대제사장의 집 뜰에까지 가서 그 결말을 보려고 안에 들어가 하인들과 함께 앉아 있더라 .... 베드로가 모든 사람 앞에서 부인하여 이르되 나는 네가 무슨 말을 하는지 알지 못하겠노라 하며" _ 마 26:58, 70

빌라도에게 고난받으시다

33

빌라도는 그리스도에게 죄가 없음을 알았습니다.
그러나 무죄 판결을 내리지 못했습니다.
대제사장들이 군중들을 시켜 선동했기 때문입니다.
"이 사람을 놓아주면 황제의 충신이 아닙니다.
이 사람은 황제의 반역자입니다"
빌라도는 황제의 충신이 아니라는 말에 겁을 먹었습니다.
황제의 주변 사람들이 종종 처형되곤 했는데
황제의 충신이 아니라는 이유였습니다.
빌라도는 그리스도의 재판에서 도망치고 싶었습니다.
재판장으로서 판결을 내리는 대신
유월절에 죄수 한 명을 풀어주는 관습을 이용했습니다.
군중들이 바라바를 선택하게 하고
그리스도는 십자가에 못 박히게 내어주었습니다.

Note

1세기 예루살렘 모형의 헤롯왕궁

빌라도가 이 사람을 보라
(에케 호모)고 말했다는 장소.

"그들이 소리 지르되 없이 하소서 없이 하소서 그를 십자가에 못 박게 하소서. 빌라도가 이르되 내가 너희 왕을 십자가에 못 박으랴. 대제사장들이 대답하되 가이사 외에는 우리에게 왕이 없나이다 하니. 이에 예수를 십자가에 못 박도록 그들에게 넘겨주니라" _ 요 19:15, 16

십자가를 지고 쓰러지시다

34

그리스도는 십자가를 졌습니다.
형틀을 사형장까지 운반해야 했기 때문입니다.
하지만 십자가를 질 힘이 없었습니다.
지난 밤 겟세마네에서 기도에 힘을 쏟았습니다.
밤새도록 가야바에게 심문당했습니다.
빌라도가 오전 내내 심문했습니다.
로마 군인들이 주먹과 채찍으로 때렸습니다.
힘이 없어 십자가와 함께 쓰러졌습니다.
군인들은 길을 가던 시몬에게 십자가를 지웠습니다.
시몬은 구레네에서 유월절을 지키러 온 순례자였습니다.
시몬은 그리스도의 십자가를 대신 졌습니다.
강제로 떠맡았지만 특별한 축복이었습니다.
초창기 교회 지도자 중 한 사람이 되었다고 합니다.

Note

쓰러지신 그리스도

십자가를 지고 쓰러지다

"나가다가 시몬이란 구레네 사람을 만나매 그에게 예수의 십자가를 억지로 지워 가게하였더라"
_마 27:32

십자가에 못박히시다

35

V 죽음과 부활과 승천 ⑥

그리스도는 성문 밖에서 십자가에 못 박혔습니다.
성문은 유월절 순례자들로 분주했습니다.
구경꾼들이 조롱하며 머리를 흔들었습니다.
군인들이 그의 옷을 나누어 가졌습니다.
양손을 따로, 양 발은 포개어 세 개의 못을 박았습니다.
제대로 숨 쉬려면 몸을 일으켜야 했는데 양손과 발에 끔찍한 통증이 왔습니다.
고열과 탈수로 타는듯한 갈증이 왔습니다.
고통 속에서 일곱 마디 말을 남겼습니다.
"아버지 저들을 용서하십시오. 자기들의 하는 일을 모릅니다"
"보라! 네 어머니이다. 보십시오. 당신의 아들입니다"
"네가 오늘 나와 함께 낙원에 있을 것이다"
"나의 하나님 나의 하나님 어찌하여 나를 버리십니까"
"내가 목마르다"
"아버지 내 영혼을 아버지 손에 맡깁니다"
"다 이루었다"
일식으로 하늘과 땅이 캄캄해졌습니다.
지진으로 성소 휘장이 위 아래로 찢어졌습니다.

Note

성묘 교회

아리마대무덤

"해골이라 하는 곳에 이르러 거기서 예수를 십자가에 못 박고 두 행악자도 그렇게 하니 하나는 우편에, 하나는 좌편에 있더라" _ 눅 23:33
"빌라도가 패를 써서 십자가 위에 붙이니 나사렛 예수 유대인의 왕이라 기록되었더라. 예수께서 못 박히신 곳이 성에서 가까운 고로 많은 유대인이 이 패를 읽는데 히브리와 로마와 헬라 말로 기록되었더라" _ 요 19:19, 20

ומלך היהודים
ישוע הנצרי

어찌하여 나를 버리십니까

36

"엘리 엘리 라마 사박다니
나의 하나님 나의 하나님 어찌하여 나를 버리십니까"
그리스도는 시 22편 1절을 암송했습니다.
억울하게 극형을 당하는 의인들은 기도했습니다.
그리스도도 시편을 암송하며 기도했습니다.
시 22편은 다윗의 탄원 기도입니다.
십자가에 달린 그리스도의 심정이 느껴집니다.
죽음 앞에서 의연한 그리스도의 모습에
십자가 형을 집행하는 백부장이 감동했습니다.
"이 사람은 진실로 하나님의 아들이었도다"

Note

"제 구시에 예수께서 크게 소리 지르시되 엘리 엘리 라마 사박다니 하시니 이를 번역하면 나의 하나님, 나의 하나님 어찌하여 나를 버리셨나이까 하는 뜻이라" _ 막 15:34

피와 물이 나오더라

37

그리스도는 유월절이 시작되는 오후에 숨을 거두었습니다.
유대인들은 유월절 저녁이 가까워지자 조바심을 쳤습니다.
해가 지기 전에 시신들을 치워야 했기 때문입니다.
나무에 달린 자는 저주받은 자입니다.
시신을 나무에 매단 채 유월절을 지킬 수 없었습니다.
빌라도에게 요청해서 치우게 했습니다.
군인들은 사형수의 숨을 끊으려고 다리들을 꺾었습니다.
그리스도는 이미 죽어 있는 것을 보았습니다.
한 군인이 확인하려고 창으로 옆구리를 찔렀습니다.
피와 물이 흘러내렸습니다.
그리스도는 나무에 달려 우리 대신 저주받았습니다.
뼈가 꺾이지 않으리라는 예언도 이루어졌습니다.
뼈가 꺾이지 않아 유월절 양이 되었습니다.

Note

유월절 양

지진으로 갈라진
골고다 언덕의 바위

"예수께 이르러서는 이미 죽으신 것을 보고 다리를 꺾지 아니하고 그중 한 군인이 창으로 옆구리를 찌르니 피와 물이 나오더라" _ 요 19:33, 34

주 예수의 시체가 보이지 않더라

38

안식일이 끝나자 여인들이 무덤으로 달려갔습니다.
그리스도의 시신에 향유를 바르려고 했습니다.
하지만 무덤 입구의 돌이 걱정이었습니다.
여인들의 힘으로는 치울 수 없었기 때문입니다.
그런데 그 돌이 옮겨져 있었습니다.
무덤 안에는 그리스도의 시신이 없었습니다.
여인들이 당황해할 때 천사들이 나타났습니다.
"왜 살아있는 자를 죽은 자 가운데서 찾습니까?
여기 계시지 않고 살아나셨습니다"
여인들은 너무나 놀랍고 기뻤습니다.
사도들에게 달려가 알렸습니다.
베드로와 요한이 한달음에 달려갔습니다.
무덤이 비어 있었고 그리스도의 시신은 없었습니다.
지금도 수많은 사람들이 성묘 교회로 옵니다.
빈 무덤을 보며 기뻐합니다.

Note

성묘교회 지하 동굴무덤

1세기동굴무덤

"안식 후 첫날 새벽에 이 여자들이 그 준비한 향품을 가지고 무덤에 가서 돌이 무덤에서 굴려 옮겨진 것을 보고 들어가니 주 예수의 시체가 보이지 아니하더라. 이로 인하여 근심할 때에 문득 찬란한 옷을 입은 두 사람이 곁에 섰는지라. 여자들이 두려워 얼굴을 땅에 대니 두 사람이 이르되 어찌하여 살아 있는 자를 죽은 자 가운데서 찾느냐"
_눅 24:1-5

네 손을 내 옆구리에 넣어보라

39

제자들이 말했습니다 "우리가 주를 보았다"
도마가 말했습니다.
"내가 그의 손의 못 자국을 보아야 하겠다.
내 손가락을 그 못 자국에 넣어야 하겠다.
내 손을 그 옆구리에 넣어야 하겠다
그렇게 하기 전에는 믿을 수 없다"
여드레를 지나 그리스도가 나타났습니다.
"너희에게 평강이 있기를
(샬롬 알레이켐)"
그리스도가 도마에게 말했습니다.
"네 손가락을 이리 내 밀어 내 손을 보아라
네 손을 내밀어 내 옆구리에 넣어 보아라
그래서 믿음없는 자가 되지 말고 믿는 자가 되어라"
도마가 고백했습니다.
"나의 주님이며 나의 하나님입니다"
도마는 의심을 통해 믿음에 이르는 제자입니다.
그리스도는 그 의심을 용납하셨습니다.
훗날 도마는 인도에 가서 복음을 전했습니다.
순교하기까지 흔들리지 않았습니다.

Note

못박히셨던 손 (일러스트)

십자가 조각상

"도마에게 이르시되 네 손가락을 이리 내밀어 내 손을 보고 네 손을 내밀어 내 옆구리에 넣어보라 그리하여 믿음 없는 자가 되지 말고 믿는 자가 되라. 도마가 대답하여 이르되 나의 주님이시요 나의 하나님이시니이다" _ 요 20:27, 28

다시 오시리라

40

V 죽음과 부활과 승천 ⑪

그리스도는 성령을 보내겠다고 약속했습니다.
제자들은 하늘을 쳐다보았습니다.
그리스도가 하늘에 올라가고 있었습니다.
구름이 그리스도를 가려 더 볼 수 없었습니다.
제자들 곁에 있던 천사들이 일러주었습니다.
"왜 서서 하늘을 쳐다봅니까?
하늘로 올라가신 이 예수는
하늘로 가시는 모습대로 오실 것입니다"
제자들은 다시 오심을 기다리기로 했습니다.
성령을 받기 위해 기도하기로 했습니다.
그리스도는 처음에 베들레헴으로 오셨습니다.
두 번째는 하늘로부터 올 것입니다.

Note

예루살렘 황금문-
메시아의 문앞의 무슬림 묘지

황금문 메시아 문

"이 말씀을 마치시고 그들이 보는데 올려져 가시니 구름이 그를 가리어 보이지 않게 하더라. 올라가실 때에 제자들이 자세히 하늘을 쳐다보고 있는데 흰 옷 입은 두 사람이 그들 곁에 서서 이르되 갈릴리 사람들아 어찌하여 서서 하늘을 쳐다보느냐 너희 가운데서 하늘로 올려지신 이 예수는 하늘로 가심을 본 그대로 오시리라 하였느니라" _ 행 1:9-11

예수님의 위대한 생애 컬러링북

초판 1쇄 발행 2022년 12월 15일
지은이 | 글 사진 김인철 그림 이준천
발행인 | 이준천
기획 · 편집 | 드림스카이
표지디자인 | 드림스카이 디자인팀
본문디자인 | 드림스카이 디자인팀
교정 및 감수 | 김인철, 이준천
펴낸곳 | 드림스카이
출판등록 | 2015년 8월 5일
전화 | 070-8274-8630
홈페이지 | www.dreamsky33.com
이메일 | skyjoon1000@naver.com
인스타그램 | www.instagram.com/dreamsky33_official

DreamSky
www.dreamsky33.com